house inspections

house inspections

Prose Poems by
Carsten René Nielsen

⸎

Translated from the Danish
and with an Introduction by
David Keplinger

BOA Editions, Ltd. ⸎ Rochester, NY ⸎ 2011

First Edition
11 12 13 14   7 6 5 4 3 2 1

For information about permission to reuse any material from this book, please contact
The Permissions Company at www.permissionscompany.com or e-mail permdude@
eclipse.net.

Publications by BOA Editions, Ltd.—a not-for-profit corporation under section 501 (c)
(3) of the United States Internal Revenue Code—are made possible with funds from a
variety of sources, including public funds from the New York State Council on the Arts,
a state agency; the Literature Program of the National Endowment for the Arts; the
County of Monroe, NY; the Lannan Foundation for support of the Lannan Translations
Selection Series; the Mary S. Mulligan Charitable Trust; the Rochester Area Community
Foundation; the Arts & Cultural Council for Greater Rochester; the Steeple-Jack Fund;
the Ames-Amzalak Memorial Trust in memory of Henry Ames, Semon Amzalak and
Dan Amzalak; and contributions from many individuals nationwide.

Cover Design: Sandy Knight
Cover Art: Christina Parrett Brinkman
Interior Design and Composition: Richard Foerster
BOA Logo: Mirko

Library of Congress Cataloging-in-Publication Data

Nielsen, Carsten René.
 [Poems. English. Selections]
 House inspections : prose poems / by Carsten René Nielsen ; translated by David
Keplinger. — 1st ed.
     p. cm. — (Lannan translations selection series)
 ISBN 978-1-934414-56-9
 I. Keplinger, David, 1968– II. Title.
 PT8176.24.I277A2 2011
 839.81'174—dc22

                    2011001434

Lannan

ART WORKS.
arts.gov

BOA Editions, Ltd.
250 North Goodman Street, Suite 306
Rochester, NY 14607
www.boaeditions.org
A. Poulin, Jr., Founder (1938–1996)

State of the Arts

NYSCA

CONTENTS

TRANSLATOR'S NOTE

In the summer of 2009 I spent two weeks with Carsten René Nielsen completing these translations of *House Inspections*, our first collaboration since *World Cut Out with Crooked Scissors* appeared in 2007. We sat at the long table of the salon at Hald Hovedgaard, an 18th-century manor which is home to the Danish Center for Writers and Translators, a well-known artist's retreat. Hald, as it's called, is set about ten kilometers from the town of Viborg, having been constructed on the shores of a lake that is surrounded by moors, a "grove of the trolls," a few rolling hills, and a forest of oaks. It is a lush and quiet outpost on the fringes of the modern world, one of perfect quiet and serenity, situated just about at the center of the peninsular territory of Jutland.

It was in this place of natural beauty and order that we set to work on Nielsen's poems of the neighborhood, rich in imagery of human interaction, comedies of errors, unanswerable questions, an Escherlike world of dark cellars, blind alleys, tenements and fitting rooms. Influenced by dadaism and surrealism, significantly Hans Arp and Benjamin Péret, Nielsen won early praise for his first collection in the 80s and by the late 90s was writing the prose poems that would gain him notoriety with critics. In *House Inspections* you find the terrain of Nielsen's neighborhood in Aarhus, the second largest city in Denmark, chartered carefully by an artist at the height of his powers. More broadly speaking, this is any Danish neighborhood: the theater, the bar, the cheese shop, the bus stop, the dark houses and the blue glow of their televisions are the featured players of this "home movie," transforming the familiar landscape into the strange and extraordinary, as if it were a moonscape cooked up by the early filmmaker Georges Méliès.

Octavio Paz once wrote that classical translation was first intended to restore the language of Babel, proving that the human experience, when properly translated from one language to another, is the same no matter the tongue, no matter the cultural differences. But the modern translator discovers that the work, though artfully crafted into the new language, meticulous in its attention to form, connotation, and denotation, will never seem anything but other, "translated," foreign at some indecipherable level. The translator discovers that the other will always remain so; the act of translation only underscores, even facilitates that revelation.

This difficult insight—that the words, themselves translations, will never communicate definitively one's intentions—may serve our reading of Nielsen. When he was visiting one of my seminars in Washington, D.C., Nielsen asked my students, genuinely and without irony, "How can I know what these poems mean? I only wrote them." He has told me that if he could talk about his books (the way other poets talk about theirs), it would betray something contrived about the work; he hadn't worked as hard as he could have. His poetry is founded on playfulness, clown logic, curiosity. Nielsen perceives language and form as toys whose interplay is intended only to incite delight, surprise, a little horror, and most of all wonder. The poet Nicky Beer, in a review for *The Georgia Review*, has compared him to Francis Ponge, who was "deeply engaged with the *Ding an sich* [the thing in itself], and Nielsen brings an equally attentive fidelity to the contours of our imaginative worlds ... [taking] it upon himself to translate those wordless montages and scenarios of the unconscious into concrete forms for his readers."

I am not surprised that Nielsen should have already gained a large readership in the United States. While the poems place focus on the interior, referencing his city, his neighborhood, his small apartment, he is attracting readers from farther and farther away. As his attention spirals toward the microscopically local (in one poem he falls into a large plate and can't find his way out), he appeals to something universal and wide-reaching that lies just under the words, the sense that there is something here which we may barely see—we'd have to squint—but what is it, where is it hiding? The question comes up repeatedly in the title poem of this collection, calling us on a mission to inspect, interrogate these moments, these houses of insight, as policemen would, so that "even at night, while the running lights of an airplane inch across the sky, the questions can be heard as a hardly audible mumbling in the darkness between houses: 'What ... is ... here?'"

—David Keplinger
Washington, D.C., 2011

Husundersøgelser

House Inspections

Husundersøgelse

"Og hvad foregår der så her?" spørger de af politibetjentene, som går rundt på hustagene eller med begge arme strakt ud til siderne balancerer faretruende oppe på gesimserne. "Og hvad foregår der så her?" spørger de af politibetjentene nede på gaden, som, siddende på hug foran dørene, kigger ind gennem brevsprækkerne. "Og hvad foregår der så her?" råbes der ind gennem portåbningers gitterlåger med kun et svagt ekko som gensvar. "Og hvad foregår der så her?" spørger politibetjente, der møder politibetjente, som selv, noget opgivende, stiller samme spørgsmål: "Og hvad *foregår* der så her?" Selv om natten, mens de blinkende positionslys fra et fly langsomt bevæger sig over himlen, lyder spørgsmålene som en næppe hørbar mumlen i mørket mellem husene: "Hvad ... så ... her?"

House Inspection

"And what's the trouble here?" ask those of the police officers who walk on the house roofs or with both of their arms stretched out to the sides, balanced precariously on the cornices. "And what's the trouble here?" ask those of the police officers down on the street, who, squatting in front of the doors, peer through the letter flaps. "And what's the trouble here?" is shouted in through grated gates with only a faint echo as repartee. "And what's the trouble here?" ask police officers, who are encountering police officers, who themselves, somewhat despairing, ask the same question: "What *is* the trouble here?" Even at night, while the running lights of an airplane inch across the sky, the questions can be heard as a hardly audible mumbling in the darkness between houses: "What ... is ... here?"

Fotografi

Hos fotografen kan man få taget et billede, der viser én, som man ser ud efter døden, men nemt er det ikke. Engang var et nyforlovet par så umulige at gøre tilfredse, at han måtte fortsætte fotograferingen den efterfølgende dag. Lige før lukketid havde han ellers endelig fået dem placeret i den rigtige position, og lyset, som er det vanskeligste ved et sådant fotografi, var nu også i orden. Derfor slukkede han lamperne, låste butikken og lod parret stå i fotoatelieret natten over. "Jeg elsker dig," hviskede pigen i det næsten fuldstændige mørke. Kun en smal stribe lys fra gadelygterne trængte ind i atelieret ude fra forbutikken. "Jeg elsker også dig," svarede hendes forlovede tilbage, "men stå nu stille og se lige i kameraet."

Photography

At the photographer's, you can get a portrait of your likeness after death, but the process is painstaking. A newly engaged couple once proved so hard to satisfy, the photographer had to continue the shoot the following day. Finally, at closing time he'd managed to position them, and the light, the mark of such photography, was also perfect. He turned off the lamps, locked up the shop, and left the couple to stand in the studio overnight. "I love you," whispered the girl in almost total darkness. Only a thin streak of light from the street lamps pierced the studio from the store front. "I love you too," replied her fiancé, "but stand still now and look right into the camera."

Læsning

Selv ved en hurtig, lettere distræt læsning vil enhver intuitivt fornemme, at der er noget galt med denne tekst. Hvis der for eksempel blev trukket søm ud eller fjernet plastre, ville der være noget galt med lyden: I en brøkdel af et sekund, lige før det slipper væggen, vil sømmet mangle lyden, og plasteret ville egentlig skulle have været af en anden, måske mere elastisk type. Selv læserens egen indre stemme synes at være blevet indtalt af en skuespiller, og hvis man holder et håndspejl op, mens man læser, vil enhver kunne se, at læberne ikke bevæger sig i fuld overensstemmelse med det, der faktisk siges.

Reading

Even in the case of a quick, slightly absentminded reading, all will sense something wrong with this text. If nails, for example, were pried out, or band-aids removed, something about the sound will be off. In the instant before it lets go of the wall, the nail will be silent; and the band-aid, maybe, should have been of a more elastic variety. Even the reader's own inner voice seems to have been dubbed by an actor. If one holds up a hand mirror while reading, to all it's clear: the lips don't move in full accord with what is actually said.

Blomsterbutik

Det er lørdag, og det er *Alice in Wonderland* om igen: "Af med deres hoveder! Af med deres hoveder!" lyder den skingre stemme i blomsterbutikken. Nogen har nok mel i næsen i dag, nogen har nok lige spist én orkidé for meget, tænker jeg. Har man tabt sine æg i plovfuren, gør det selvfølgelig ikke tingene bedre, men jeg gætter nu på, at det er lugten og den tunge, kvalme luft i den sommervarme butik, hvor blomsterne står og visner i krukker fulde af sved, der er den egentlige årsag. Jeg skal i hvert fald ikke nyde noget: ikke nogen begravelseskranse til mig i dag, ikke nogen metaforiske roser i mine digte! Så hellere ned til isenkræmmeren på hjørnet, hvor der er tilbud på gafler, rigeligt til en hel buket.

Florist

It's Saturday, and it's *Alice in Wonderland* all over again: "Off with their heads! Off with their heads!" the shrill voice cries out at the flower shop. Someone must have flour up their nose, someone has eaten one orchid too many, I suppose. You lose your eggs in the furrow, nothing good can come of that. Me, I suppose that the smell and the thick, sticky air in the oven-hot shop—where the flowers stand and shrivel in their pots, pooled with sweat—are the actual culprits. Me, I'm having none of this: no funeral wreaths for me today, no metaphorical roses in my poems! I'm off to the corner hardware shop, where there are forks on sale, enough for a bouquet.

Teater

En mand opfører hver dag hele dage fra sit liv som teater hjemme i sin lejlighed. Han bestræber sig på at være så realistisk som muligt, som han går rundt dér i lejligheden og passer sine daglige gøremål. Kun når han om aftenen sidder alene og spiser i køkkenet, sniger han sig nogle gange til at kigge ud af øjenkrogen mod vinduet for at få et glimt af sit publikum. Helt vil han ikke afvise, at der er nogen derude. Det er, som når man på en trappeafsats står og venter foran en lukket dør og ikke kan slippe den mistanke, at nogen betragter én igennem dørspionen.

Theater

A man performs whole days from his life as a drama, each day at home in his apartment. He goes to great lengths to be as realistic as possible, walking around the apartment and tending to day-to-day business. Only at night, when he sits by himself in the kitchen, does he peek now and then at the window to glimpse his audience. He won't completely abandon the notion that someone is out there. It's like when you stand on the landing, in front of a closed door, and you can't help thinking that someone is watching through the peephole.

Nat

Om natten bliver alt en anelse mindre, også vores sko og tænder, og overalt i bygningerne drejer skruerne sig en kvart omgang, men selv om man lægger øret mod væggen, kan det sjældent høres. Altid er der nogen, som spiller på klaver i gelé, nogen, der stopper sne i piben, og på en radiokanal fra et sted i verden, hvor solen allerede er på vej op gennem disen i horisonten: et gospelkor bestående af hæse, næsten stumme kvinder.

Night

At night things become ever so smaller, our shoes and teeth, too, and everywhere in buildings screws turn a quarter of a revolution, but even if you press your ear against the wall, the sound is rarely heard. Always there is someone who plays the gelatin piano, someone who packs his pipe with snow, and on a radio channel from somewhere in the world, where the sun is already on its way up through the mist in the horizon: a gospel choir of hoarse, nearly inaudible women.

Snørebånd

"Du har glemt at binde dine snørebånd," siger min borddame venligt til mig, men da jeg kigger ned under bordet, er alt i orden: Mine snørebånd er ikke gået op. "Du har glemt at binde dine snørebånd," siger hun igen, da jeg forundret kigger på hende. Så læner kvinden, der sidder til min anden side, sig smilende ind imod mig: "Du har glemt at binde dine snørebånd," forklarer hun, som havde jeg ikke hørt, hvad der blev sagt første gang. Over for mig hvisker en mand noget til en yngre kvinde, og jeg aner nok, hvad det er, for hun ser straks foragteligt på mig. "Han har glemt at binde sine snørebånd," siger hun så højt, at jeg ikke kan undgå at høre det.

Shoelaces

"You have forgotten to tie your shoelaces," says the woman who sits on my right, but when I look under the table, everything's in order: my shoelaces have not come untied. "You have forgotten to tie your shoelaces," she repeats, as I look at her, baffled. Then the woman who sits on my left leans toward me, smiling: "You have forgotten to tie your shoelaces," she explains, as if I hadn't heard what was said before. Across from me a man whispers something to a young woman, and I kind of get the feeling what it is, because immediately she looks over at me with disdain. "He has forgotten to tie his shoelaces," she says so loud I can't help hearing it.

Appelsin

Han kommer gående ned ad gaden oppe fra grønthandleren. I armene bærer han en appelsin så stor som en badebold. Den dækker næsten hele hans udsyn, så han bevæger sig kun langsomt fremad, tøvende som en svagtseende. Snart vil det hele stå parat, og hjemme ligger allerede æblerne skåret ud i både, nøjagtigt som det er beskrevet på plantegningerne. Bag appelsinen kan man skimte et smil. Han tænker nok på, hvor dejligt det bliver at springe i rosinerne fra bananerne, men lad os nu ikke tage glæderne på forskud. Han skal jo trods alt først lige have manøvreret appelsinen hjem og helst undgå undervejs at støde ind i nogle af de mandshøje skruenøgler, der nu om dage står alt for mange af i vejsiden.

Orange

He comes walking down the street from the greengrocer. In his arms he carries an orange as big as a beach ball. It blocks almost all of his view, so he only moves slowly forward, as hesitant as a nearsighted person. Soon everything will be ready, and back home the apples already lie cut out in wedges, exactly as described on the blueprints. Behind the orange one can barely make out a smile. He probably thinks, how wonderful it will be to jump into the raisins from the bananas—but let's not get carried away too soon. First he has to maneuver the orange home, avoiding on his way these wrenches as tall as men which nowadays crowd up the roadside.

Biograf

Efter at snakken blandt publikum er forstummet, kan man begynde at ane nogle hviskende stemmer inde bag ved lærredet. Så høres et par hastige skridt, noget som tabes på gulvet, en dør som smækker. En tid er der stille, så lyder de hviskende stemmer igen, og sådan veksler det mellem stilhed og lyden af stemmer. Da jeg på vej hjem beklager mig over den manglende film, får jeg at vide, at jeg ingen indlevelsesevne har. "Det er ikke mennesker, når de er fiktive, der har min interesse," prøver jeg at forklare, men naturligvis forgæves. Den, som vi taler til, når vi taler med os selv, får altid det sidste ord.

Movie Theater

After all the talking in the audience dies down, one can begin to make out some whispering voices from behind the screen. Then a couple of footsteps can be heard, something that is dropped on the floor, a door that slams shut. For a while there is silence, then the whispering voices can be heard again, and like this it keeps alternating between silence and the sound of voices. When on the way home I complain how there wasn't a movie, I'm informed I lack imagination. "It isn't people, when they are fictitious, who have my interest," I try to explain, but of course in vain. The one we talk to, when we talk to ourselves, always gets the last word.

Magritte

Hvis jeg havde været maleren René Magritte og drømte, at jeg ikke var større end et barn, som gik tur med sin mor i en park, hvor alle statuer har et hvidt klæde over hovedet, og hun så sagde, at nogen forsøger at få det til at ligne spøgelser, ville jeg vide, at det bare var en drøm, for hvilken mor har nogensinde set et spøgelse, endsige turde løfte visiret på en rustning på museet?

Magritte

If I had been the painter René Magritte and was dreaming that I wasn't any bigger than a child who was walking with his mother in a park, where all statues have a white cloth over their heads, and she then said that somebody is trying to make them look like ghosts, I would know that it was just a dream, for what mother has ever seen a ghost, let alone dared to lift the visor on a suit of armor in the museum?

Prøverum

Jeg kunne simpelthen ikke finde en T-shirt, der passede. Hver gang jeg trak en over hovedet, var den større end den foregående, og snart stod jeg helt indhyllet i en T-shirt, hvor selv dens ærmer var så lange, at ærmegabene hang slapt ud over mine hænder. "Den er nok lidt for stor," bemærkede den kvindelige ekspedient, som rakte mig en ny, men da den viste sig at være endnu større, anede jeg nok, hvor det bar hen. Allerede mens jeg kæmpede for at finde ud af den næste T-shirt, åbnede hun sin skjorte, løftede mig op og lagde mig til sit bryst. Uden for tøjbutikken ventede barnevognen.

Fitting Room

I just couldn't find a T-shirt that fit. Whenever I pulled one over my head, it was larger than the last, and soon I stood completely enveloped in one whose huge sleeves hung slack over my hands. "I think it's a little too big," remarked the female shop assistant, who handed me another, but when it turned out to be even bigger, I kind of sensed where things were going. Before I had struggled to navigate out of the next shirt, she'd unbuttoned hers, lifted me up, and put me to her breast. Outside the shop the baby carriage was waiting.

Skyer

Jeg har set, at lejligheden på tredje sal i nabohuset kan være fuld af skyer. Så mange kan der være, at de presses op mod vinduerne, og man forestiller sig, hvordan det må være at opholde sig i lejligheden imens, om man overhovedet kan trække vejret. Måske ville man, hvis man gik ned på gaden og ringede på dørtelefonen, blot høre en pusten og en hvislen i højttaleren, som prøvede nogen at fløjte uden at have tilstrækkeligt med luft. Det ville være ét af disse pinlige øjeblikke, hvor man måske nok tror, at der er nogen i den anden ende, men alligevel intet siger.

Clouds

I've seen that the apartment on the third floor in the building next door can fill up with clouds. That there can be so many, they are pushed up against the windows, and meanwhile I imagine what it's like to stay in the apartment, if anyone can breathe in there at all. Maybe if you went down to the street and pressed the intercom, you would only hear a puffing and hissing in the speaker, as if somebody tried to whistle without having enough air. It would be one of those embarrassing moments when you suspect there's someone waiting at the other end, but still you say nothing.

Lukketid

Det er altid klovnen, som er problemet, når værtshuset lukker. Ikke sjældent skal der hele tre mand til at få ham bugseret ud, men når de først har fået ham lempet ned i tønden, som står klar ude foran, går det helt af sig selv. Enhver i kvarteret kender den rumlende lyd og de karakteristiske bump, der fremkommer, hver gang tønden har rullet en omgang og de store klovneskos lange, flade snuder slår mod asfalten. Og altid er der nogen, som smækker vinduet op og råber: "Kan vi så få noget nattero!" Og som altid holdes tønden tilbage et øjeblik, og man hører klovnen, beruset og svimmel: "Stur, stur," siger han inde fra tønden, "stur, stur nummer," inden de igen ruller videre ned ad gaden.

Closing Time

Always it's the clown who is the problem when the bar closes. Quite often it takes no fewer than three men to toss him out, but as soon as they've eased him down into the barrel, which stands ready outside, everything falls into place. Everyone in the neighborhood knows the rumbling sound and the characteristic thuds, produced each time the barrel has rolled a turn and the long, flat toes of the clown shoes slap the asphalt. And always there is someone who throws the window open and shouts: "People are trying to sleep!" And as always the barrel is held back for a moment, and you hear the clown, drunk and dizzy: "Whoop-de-doo!" he says from inside the barrel, "Whoop-de-doo!" before they roll on down the street.

Miniature

Et helt hus holdt oppe af balloner, i hvert vindue et frimærke som rullegardin. Endelig et brud i rækken af huse, endelig et udsyn over bugten. I horisonten, ude på næsset: en gulnet kindtand i vintersol.

Miniature

An entire house hanging in the air, just above the ground, suspended by balloons. In each window, a postage stamp for a shade. Finally a breach in the row of houses, finally a view over the bay. On the horizon, out on the cape: a yellowed molar in winter sunlight.

Bog

Jeg bruger altid fornuften, når jeg udvælger mig et af de værker, man kun kan forstå med følelserne, men en dag hos antikvarboghandleren fandt jeg mig selv i hver eneste af de bøger, jeg åbnede. Jeg var som altid blot på udkig efter et par enkelte ord, der kan lyse op bag horisonten, og hvilket drama er det i stedet ikke blevet. Nu tårner bogstaverne sig op omkring mig, og hvert øjeblik kan katastrofen indtræffe: at nogen med en fugtet finger bladrer en side frem.

Book

I always rely on reason when I select works one can only understand with one's feelings, but one day at the antiquarian bookshop I found myself in each and every book I opened. As always, I was only on the lookout for a word or two, those which seem to glow from below the horizon, but what a drama it's become instead. Now the letters are towering around me, and at any moment the catastrophe can happen: that someone with a moistened finger turns the page.

Promenade

Man siger, at de er gamle cirkusprinsesser, at deres hjertekamre er helt tilstoppede af sæberester og savsmuld. Så langsomt bevæger de sig, når de lufter deres pudler, disse pudrede vindhekse, at spurvefugle kan ses sætte sig, to eller tre ved siden af hinanden, på de brede skuldre i de gamle damers store frakker. Det sker, at der er en dame, som går helt i stå, men har man et par småmønter, er de fleste flinke til at lægge en mønt eller to i hendes lille, krogede hånd. Så går hun lidt igen.

Promenade

Around here people say that they are former circus princesses, that the ventricles of their hearts are completely clogged by remnants of soap and sawdust. So slowly do they move, when they are taking their poodles, these powdered tumbleweeds, out for some air, that passerine birds can be seen to alight, two or three together, on the wide shoulders of the old ladies' coats. It sometimes happens there's a lady who slows to a complete standstill, but if you have some change, most people will kindly place a coin or two in her tiny, gnarled hand. And then she's up and running again.

Fødselsdag

Det var min fødselsdag, og jeg skulle puste lysene på lagkagen ud, men ét af lysene ville ikke slukke. Jeg pustede og pustede, indtil jeg ingen luft havde tilbage, men flammen var der stadig. Selv hvis jeg kvalte den med to fingre fugtet med spyt, sprang den op igen, lige så snart jeg flyttede fingrene. Derfor blev vi siddende ved bordet, stadig iført vores små, farverige papirshatte, tavst stirrende på det enlige lys, mens det langsomt brændte ned.

Birthday

It was my birthday, it was time to blow the candles out, but one of the candles stayed lit. I huffed and puffed, until I had no air left, but the flame was still there. Even if I smothered it with two fingers moistened in spit, again it sprang up just as soon as I let go. So we remained seated, still wearing our small, colorful, paper hats, silently staring at the single candle while it burned down on its own.

Ost

"Er det ikke bare form uden indhold?" spørger den pensionerede skolelærer, og som altid giver ostehandleren sig god tid til at fortælle om hullerne i osten. At muselortene nogle dage kan være så store som stikkelsbær, bekymrer ham tilsyneladende ikke, og det sker da også ganske ofte, at man kan se ham dernede i kælderbutikken efter lukketid, hvor han drømmende danser en fejende vals med et kosteskaft.

Cheese

"Isn't it just form without content," asks the retired school teacher, and as always the owner of the cheese shop takes his time to tell about the holes in the cheese. That the turds from the mice some days can be as big as gooseberries, apparently doesn't concern him, and it does in fact happen quite often that one can see him down in the basement shop after hours, where he's dreamily dancing a sweeping waltz with a broom.

Indsamling

"Se, dén sky ser ud, som var den syet sammen med grove sting," siger jeg for at aflede deres opmærksomhed, da to yderst velklædte kvinder rækker en raslebøsse frem mod mig, men de ser bare surt på mig. Folk skal da også have hjælp til at klare det mest elementære, tænker jeg. Først var det døden og ensomheden, nu dette. "Jeg har desværre ingen sedler," lyver jeg og kommer en knap i raslebøssen, men kvinderne lyser op i et smil: "Det var lige dén knap, vi havde brug for, nu kan vi endelig knappe skyen ordentligt," siger den ene taknemmeligt, og alle tre kigger vi op.

Collection

"Look: that cloud appears sewn with crude stitches," I say to distract them when two extremely well-dressed women hold out a collection box toward me, but they just look at me sourly. I guess people even need help with the basics, I think to myself. First it was death and loneliness, now this. "Sorry, I don't have any change," I lie, and put a button in the collection box, but the women light up with a smile: "It was exactly that button we needed; now we can finally button the cloud," says one of them with gratitude, and all three of us look upward.

Skjorte

Efter at hans kone døde, tilbragte ejeren af en nu lukket tøjforretning også nætterne i butikken, hvor han satte sig med et udfoldet lommetørklæde over ansigtet og sov i en lænestol i baglokalet. Det var sådan, han drømte de små digte skrevet i kode, der kan læses på vaskerimærkerne i de få skjorter, han endnu nåede at sælge. Er man heldig at finde en sådan skjorte i genbrugsbutikken, og ved man, på hvilket renseri man skal indlevere den, vil man få digtet læst op, når man henter skjorten. Man vil aldrig før have hørt noget så skønt, men man vil altid glemme digtet, så snart man går derfra. Som var det bare noget, man havde drømt.

Shirt

After his wife died, the owner of a now defunct clothier spent nights in the shop, where he sat with an unfolded handkerchief over his face and slept in an armchair in the back room. That was the way he dreamed the small poems written in code, which can still be read on the tags of the last few shirts he was able to sell. If you're lucky enough to find such a shirt in the thrift shop, and if you know which dry cleaner to take it to, you'll get the poem read aloud when you come to pick up the shirt. You'll never before have heard anything that beautiful, but you'll always forget the poem as soon as you leave. As if it were just something you'd dreamed.

Trin

Der er en trappe i et hus her i kvarteret, hvor trappetrinene bliver mindre og mindre, men kun når man bevæger sig op ad trappen. Når man går ned, er det lige omvendt: Så bliver trappetrinene højere og højere, og går man helt ned i kælderen, er det nederste trappetrin næsten hele tre meter højt. Her må man kravle ud og hænge i armene, og netop som man er kommet på plads, går lyset på trappen selvfølgelig ud, og dér hænger man så i kælderen i mørket, og selv om man ved, at der ikke er langt ned til gulvet, tøver de fleste lige et øjeblik, før de giver slip.

Steps

In a building here in the neighborhood there's a staircase where the steps become shorter and shorter, but only when you're moving up the stairs. When you're walking down, it's just the opposite: then the steps become steeper and steeper, and when you get all the way down to the cellar, the step at the bottom is an almost nine-foot drop. At this point you have to crawl to the edge and hang by your arms. Just as you position yourself, the light in the staircase goes out, of course. There you hang in the cellar in the darkness, and even though you know it's not much farther to the floor, most will hesitate a moment—before letting go.

Hemmeligt

Det er kun tilladt at have halvdelen af sit ansigt oplyst og kun i skæret fra et stearinlys, der flakker i trækken fra en dør, som står lidt på klem. Man taler med dæmpede stemmmer, næsten hviskende, om dukkehoveder af blød porcelæn, cykelslanger stoppet ud med vat. Hvad man finder i sine lommer, når man kommer hjem, er der ingen, som må vide. Kun få vil nogensinde forstå, hvorfor det er så vigtigt at kunne fløjte en bestemt populær melodi baglæns.

Secret

It is only permitted to have half of one's face lit up, and only in the glow of a candle, flickering from the draft of a cracked open door. We speak with low voices, almost whispering, about doll heads made of soft porcelain, bicycle tubes stuffed with cotton wool. What we find in our pockets when we come home, nobody is allowed to know. Very few will ever understand why it's so important to be able to whistle a certain popular melody backwards.

Sagførere

I indkørslen ved den gamle cykelfabrik står der en container. Den er fuld af sagførere. De står helt stille derinde i mørket og kigger alvorligt og interesserede på de selvlysende tal på deres armbåndsure. Når man går forbi, er det altid med håbet om, at man vil se containerens døre åbne sig og de mange sagførere strømme ud, målbevidste og med lange, kraftfulde skridt. Men endnu er intet sket.

Lawyers

In the driveway by the old bicycle factory there stands a container. It's full of lawyers. They stand completely still in there, in the darkness, and study with earnest fascination the luminous numbers on their wristwatches. When you walk by, it's always with the hope that you'll see the doors of the container open up and the many lawyers pour out, determined and with long, powerful strides. But so far nothing has happened.

Mælk

Brug blot alle mine marengs som vinduespynt, lav de fuldkomne mejerier om til garager, blot den mælkede sol vil stå op i øst, for så kender man da i det mindste retningen og kan spadsere tilbage, når man en morgen finder sig selv på pløjemarken stående ved en tandlægestol, stadig med denne fjollede hagesmæk på. Nogle vil kalde det et mareridt, ikke jeg. Som altid er det høflig konversation, der skræmmer mig mest. Så da hellere ride ranke på oberstens knæ, skælde ud på en postkasse: "Se så for helvede og vågn op," stod jeg og råbte, "vågn op!"

Milk

Just use my meringues for window decorations, turn the perfectly realized dairies into garages, so long as the milky sun rises in the east. At least then you'd know the direction, and you could walk back, when one morning you find yourself on the plowed field standing by a dentist chair, still with this silly bib on. Some will call it a nightmare, not I. As always, it's polite conversation that scares me the most. I'd rather ride on the knee of the colonel, scold a mailbox: "Now wake up, God damn it," I stood and yelled, "wake up!"

Post

Efter at en bekendt henkastet nævnte, at et bestemt nyopført hus ligner en kulisse, har postbudet i stigende grad overvejet den mulighed, at der intet er på den anden side af husfacaderne, heller ingen gulve, men at brevene, så snart de er forsvundet ind gennem brevsprækkerne, fortsætter deres fald nedad, hvirvlende gennem et altomsluttende mørke.

Mail

After an acquaintance remarked that a certain, newly erected building looks like a piece of set design, the mailman, more and more, has entertained the possibility that there's nothing on the other side of the house fronts, no floors either, but that the letters, as soon as they have disappeared through the letter flaps, continue their fall downwards, whirling through an all-engulfing darkness.

Ventetid

Nu gider han ikke vente længere. Han stiger ud af bilen, sætter hænderne i siderne, næverne er knyttede. Han kigger op mod vinduet på anden sal i etageejendommen, ryster langsomt på hovedet. Sådan står han længe bag den åbne bildør, kigger op mod vinduet, ryster på hovedet. "Nu gider jeg ikke vente længere," siger han højt. Dette er en vred mand, en mand som ikke gider vente længere. Han læner sig ind mod bilen og begynder at tromme med fingrene på taget. Et øjeblik kigger han væk, men så, med et hurtigt ryk, retter han igen blikket op mod vinduet. Dette gentager sig flere gange, og imens mumler han, at han ikke gider vente længere. Så går døren til opgangen op, og en kvinde spadserer roligt hen imod ham. Smilende kysser hun ham på kinden, retter lidt på hans slips. Så sætter de sig ind i bilen og kører bort.

Waiting Time

He doesn't want to wait anymore. He steps out of the car, sets his hands at his sides, the fists are clenched. He looks up toward the window on the third floor of the apartment building. Slowly shakes his head. He stands like this for a while behind the open car door. Looks up toward the window. Shakes his head. "I don't want to wait anymore," he says aloud. This is an angry man, a man who doesn't want to wait anymore. He leans against the car and begins to drum his fingers on the roof. Briefly he looks away, but then, with a quick jerk of the head, he focuses firmly on the window again. This repeats itself several times, and all along he mumbles: he doesn't want to wait anymore. Then the entrance door to the building opens. A woman calmly walks up to him. Smiling, she kisses him on the cheek, straightens his tie. Then they take their seats in the car, and they drive.

Cykling

Her kommer vi cyklende med lommerne fulde af billeben, mælkebøttesporer og sommerfuglevinger. Det er noget kulturelt bestemt, en tradition, men der er også byplanlæggere og politikere, som gør det muligt. "Se, mor, jeg kan køre på ét hjul," råber et barn begejstret, og i hvert vindue i karréen kommer smilende husmødre til syne. I lommerne foran på deres forklæder sidder fugle, og de synger, fuglene, så man må stoppe fingrene i ørerne og nynne for sig selv imens for at kunne holde det ud. Selv længe efter kan glas stå og dirre med en høj, næsten uhørlig tone i vitriner og køkkenskabe.

Cycling

Here we come cycling with our pockets full of beetle legs, dandelion spores and butterfly wings. It's something determined by culture, a tradition, but there are also city planners and politicians who make it possible. "Look, Mom, I can do a wheelie," a child shouts happily, and in each window on the block smiling housewives appear. In the pockets on the fronts of their aprons sit birds, and they sing, the birds, so you have to plug your ears with your fingers and hum to yourself, meanwhile, to bear it. Even for a little while after, in the hutches and the kitchen cupboards, the glasses vibrate with a piercing, nearly inaudible tone.

Vemod

Ovre på havnen, på en bænk med udsigt over havnebassinet, sidder der en svømmepige. Hun er iført badedragt og badehætte, hendes hofter er brede, brysterne små. Allerede før landet og skovene, før dalene og bakkerne, før stier blev til veje og bopladser til byer, sad hun her, men dengang var alt dette hav. "Man siger pænt goddag," får børnehavebørnene på udflugt at vide, og de siger pænt goddag, når de hånd i hånd går forbi. Det er egentlig ret uforskammet, synes jeg, at hun aldrig hilser tilbage, men sådan er det, og hvorfor ved jeg ikke. Selv har jeg aldrig forstået de vemodige: Min hukommelse er så dårlig, at jeg sjældent husker, hvad det er, jeg længes efter.

Wistfulness

Over by the harbor, on a bench with a view over the harbor basin, sits a girl swimmer. She is wearing a bathing suit and bathing cap, her hips are wide, her breasts are small. Long before the land and the forests, before the valleys and the hills, before paths became roads and settlements towns, she was sitting here, but back then all this was sea. "Now, remember to politely say hello," the kindergarten children on their field trip are told, and they politely say hello, as they walk by hand in hand. It's actually quite rude, I think, that she never returns their hellos, but that's how it is, and why, I don't know. I myself have never understood the wistful: My memory's so bad, I rarely remember what I long for.

Skumring

Mens jeg sidst på eftermiddagen ligger fuldt påklædt på sengen ved vinduet og sover, glider skygger fra drivende skyer over mine lukkede øjenlåg. Så let, som var den lavet af silke, svæver en tuba over trætoppene, og det er lamper af rispapir, der nu langsomt stiger op på himlen. Længe vil det ikke vare, før de tændes.

Dusk

While I lie on the bed by the window asleep, in the late afternoon, fully dressed, shadows from drifting clouds glide over my closed eyelids. As lightly as if it were made of silk, a tuba hovers over the treetops, and it is lamps made of rice paper that now rise slowly into the sky. They'll be lit before long.

Opmåling

Inde i centrum af byen er de nyeste huse konstrueret, så længden og højden på bygningselementerne passer, sådan at et gennemsnitsmenneske altid vil kunne stå i forlængelse af ét eller flere andre gennemsnitsmennesker eller danne for eksempel en pyramide af gennemsnitsmennesker. Ude i forstæderne kender hver indbygger den nøjagtige højde på selv hække og kantsten. Her, i grænseområdet mellem centrum og periferi, er målebåndene altid et par centimeter for korte, og når man vender tilbage med et, der er længere, er der aldrig nogen, som kan huske, hvortil man var kommet i sin opmåling.

Measuring

Down in the center of town all the new houses are constructed so that, within the length and height of every building element, an average person will always be able to stand in extension of one or more other average people, or, for example, in a pyramid of average people. Out in the suburbs each resident knows even the exact height of hedges and curbstones. Here, in the border district between the center and the periphery, the tape measures are always a couple of centimeters short, and when you return with one that's longer, there's never anyone who can remember what's been measured already.

Tallerken

Bagerst i butikken, hvor støvet porcelæn var stablet fra gulv til loft, fandt jeg en tallerken så dyb, at jeg en dag i mit køkken kom til at tabe et helt blomkålshoved i den og først fandt det igen flere dage senere, da jeg, kravlende på alle fire nede på bunden af tallerkenen, var nået frem til kanten, hvor der, i et strålende lys og så langt øjet rakte, hang tynde, hvide gardiner roligt vajende frem og tilbage, som var det selve rummet, der tippede fra side til side.

Plate

At the back of the store, where dusty porcelain was piled from floor to ceiling, I found a plate so deep that one day in my kitchen by accident I dropped an entire cauliflower into it, and I didn't find it again until days later, as I, crawling on all fours on the bottom of the plate, reached the edge, where in a radiance and as far as the eye could see, hung thin, white curtains calmly waving back and forth, as if it were the room itself that was teetering from side to side.

Stoppested

En kvinde står ved busstoppestedet. Hun har en gipsbandage om hovedet. Mund og øjne er blot smalle sprækker, næsen dækket af gazebind. Hun har stået sådan længe. To politibetjente prøver at komme i kontakt med hende, men hun reagerer ikke. En ambulance bliver tilkaldt, men da ambulancefolkene forsigtigt forsøger at hjælpe hende ned på en båre, triller gipsbandagen af hendes skuldre, og hendes frakke falder til jorden. Tilbage på fortovet står blot to sorte, langskaftede støvler.

Stop

A woman stands by the bus stop. She has a plaster cast around her head. Mouth and eyes are just small slits, the nose covered with gauze. She has been standing like this for quite a while. Two policemen are trying to communicate with her, but she doesn't react. An ambulance is sent for, but when the paramedics carefully attempt to help her down onto the stretcher, the plaster cast rolls off her shoulders, and her coat falls to the ground. Left standing on the sidewalk are just two high, black boots.

Fjernsyn

I skorstensfejerskumringen: antenner og paraboler vendt mod himlen. Vi vil så gerne se noget andet, men her er det ikke helt umuligt, at de fleste en aften sidder og ser det samme program i fjernsynet. "Vi løfter lysestagerne højt op over hovedet, ser de lysende krebsdyr kravle ud af stjernerne," forklarer tv-kokken. Er man én af de få, der på dette tidspunkt går tur i gaderne, vil man kunne nyde det blålige lys, der fylder stuerne overalt i kvarteret og som på én gang ændrer intensitet, hver gang kokken løfter et grydelåg.

Television

In the chimney sweeper twilight: antennae and satellite dishes turned toward the sky. We so much want to see something different, but here, one evening, it's not unheard-of that most sit and watch the same show on television. "We lift the candleholders high above our heads, see the luminous crayfish crawl out of the stars," explains the TV chef. If you are that rarity who wanders the streets at this time, you will enjoy the bluish light that fills the living rooms all over the neighborhood, and which, at the very same moment, changes intensity whenever the chef lifts a pot lid.

Bank

Hvis du træder ind i banken, lokket af plakaten, der reklamerer med ægte oversavede damer, og her lægger en sav på disken foran bankassistenten, vil hun straks tilkalde assistance. Nok ligger banken i en gade ikke langt fra din seng, men dette er en anden verden. Man vil spørge, om det er svensk, du taler, og det vil ikke nytte noget at forklare, at nej, du taler i søvne. Selv ikke, hvis du tæller til tyve på dét sprog, vil man forstå.

Bank

If you step into the bank, lured in by the poster that advertizes genuine ladies sawed in half, and place a saw on the counter in front of the bank teller, she will immediately call for assistance. Although the bank is situated on a street not far from your bed, this is a world of its own. They will ask if it's Swedish you're speaking, and it's no use trying to tell them that no, you're talking in your sleep. Not even if you count to twenty in this language, will they understand.

Strygejern

I en førstesals lejlighed, hængende over køkkenbordet: et strygejern i et fuglebur. Fra det åbentstående vindue stiger skjorter til himmels med baskende ærmer.

Iron

In a second floor apartment, hanging over the kitchen table: an iron in a birdcage. Through the unlatched window, shirts rise skyward, their sleeves flapping.

Tapet

Man kan aldrig stole på håndværkere. De har selvfølgelig godt forstået, hvad de skal gøre, men alligevel sætter de hvidt savsmuldstapet op i entréen. Derefter tapetserer de resten af lejligheden, både gulve, lofter og møbler. De tapetserer tennisbanerne nede bag huset, bænkene, stierne og gravstenene oppe på kirkegården. Selv skyerne på himlen og hvert træ på kirkegårdsbakken tapetserer de med hvidt savsmuldstapet. Til sidst tapetserer de hinanden, og så er den der: "Endelig!" hører jeg den ene af dem mumle inde bag tapetet, da jeg kommer hjem og finder dem stående sådan i stuen.

Wallpaper

You can never trust the workmen. Surely they know what to do, but still they hang white wallpaper in the entrance. Then they paper the rest of the apartment, floors, ceilings and furniture, too. They paper the tennis courts down behind the building, the benches, the paths and the gravestones up at the cemetery. Even the clouds—and every tree on the cemetery's hill—they cover with white wallpaper. Finally they paper each other, and that's that. "At last!" I hear one of them murmur from inside the paper, when I come home and find them standing like that in the living room.

Æble

Hvis man ser godt efter, kan man i morgengryet se en stråleglans omkring hvert af æblerne, der vokser på træet bagerst i gårdhaven, "og det er helt i orden," siger kvinden, der engang elskede mig, og så må det jo være rigtigt. Det er i hvert fald, hvad jeg vælger at tro. Hvad vores skytsengle hvisker til os så tidligt om morgenen, kan jeg alligevel ikke høre. Min sjæl har altid været døv på det ene øre.

Apple

If you look carefully, at daybreak you're able to see a radiant glow around each of the apples, the ones that grow on the tree farthest back in the courtyard, "and that's quite all right," says the woman who once loved me, so then indeed it has to be right. I choose to believe this, at least. What our guardian angels whisper, so early in the morning, I can't hear anyway. My soul has always been deaf in this ear.

Søvngængere

En søvngænger kommer gående ud fra biografen, men det er først, da han fortsætter lige ud og tværs over vejen, at nogen opdager, at han sover. Hos frisøren sidder der en søvngænger i stolen, og frisøren snakker løs alligevel. I supermarkedet står tre søvngængere i kø ved kassen, på apoteket spørger en søvngænger efter sovepiller. En søvngænger går frem og tilbage i en parkeringskælder, og en søvngænger forsøger med slap hånd at trykke ned på håndtaget til en låst dør i et hus, hvor han ikke bor. Langsomt, uendeligt langsomt, går en søvngænger i stå, standser op, bliver stående, svajer let frem og tilbage, for så at læne sig mod en mur, stadig sovende.

Sleepwalkers

A sleepwalker comes walking out of the movie theater, but it isn't until he continues straight ahead and across the street that anybody realizes he's asleep. At the hairdresser a sleepwalker is sitting in the chair, and the hairdresser goes on chattering anyway. In the supermarket three sleepwalkers stand in line by the checkout counter, and at the pharmacy a sleepwalker is asking for sleeping pills. A sleepwalker is walking back and forth in a parking garage, and a sleepwalker is trying with a limp hand to push down the handle on a locked door, where he doesn't live. Slowly, ever so slowly, a sleepwalker is winding down to a halt, stops, remains where he is, sways slightly back and forth, and then he leans against a wall, still sleeping.

Hammershøi

Man har beskrevet det for mig: Hvordan lyset forandrer sig i vinduet i baggrunden, men uanset hvor meget jeg koncentrerer mig, begynder mit blik, som havde det en egen vilje, at søge ud i billedet: Langs de hvide paneler, hen over de grå vægge, mod bogen på bordet, udskæringen i stoleryggen, og altid hviler det kortvarigt på den lysende nakke på kvinden i den sorte kjole, der sidder bortvendt med bøjet hoved. Det er i dette øjeblik, at sollyset med ét ændrer karakter, eller at nogen som en skygge haster forbi vinduet i baggrunden. Man registrerer det knapt nok, og når man kigger, er det allerede for sent.

Hammershøi

It's been described to me: the way the light changes in the window in the background. But no matter how I concentrate, and as if by a will of its own, my focus is drawn into the picture, moving along the wainscoting, over the gray walls, toward the book on the table, the cut of the chair-back, then resting always for a moment on the luminous nape of the woman in the black dress, who sits turned away and with her head bowed. Exactly at this moment, either the sunlight suddenly changes quality, or someone's shadow hastens past the window in the background. You hardly notice it, and when you look, it's already too late.

Konsultation

Det begyndte, da jeg vågnede med en sprællende torsk på mit kolde maveskind. "Det er ikke farligt," forklarede lægen stående ved væggen, hvor han viste de anatomiske detaljer med en pegepind på en planche, hvor der var tegnet et fiskeskelet, stadig med hoved og hale. Han kunne selvfølgelig ikke vide, at det netop var sådan, det var, dengang jeg lå på den hvide tallerken i fiskerestauranten. Mæt og tilfreds sad den fede mand med servietten stoppet ned i halsåbningen på skjorten, og dér lå jeg på hans tallerken. Der var ikke andre gæster, kun to tjenere, der stod bagerst i lokalet og nyste på skift, fordi de havde fået peber i næsen.

Consultation

It all started when I woke with a wriggling cod on my cold belly skin. "It's not serious," explained the doctor standing with a pointer by the wall, where a diagram displayed the anatomical details of a fish skeleton, still with its head and tail. He had no way of knowing, of course, that that's how it was when I lay on the white plate in the seafood restaurant. Filled and content, the fat man sat with his napkin tucked into his shirt, and there I was on his plate. There were no other guests, only two waiters, who stood in the back of the restaurant, taking turns sneezing, because of pepper in their noses.

Lommetørklæde

En kvinde var så ulykkelig, at hun i den tøjbutik, som hun bestyrede, stillede syv ens mannequindukker op lige efter hinanden i udstillingsvinduet, sådan at de, hvis man hurtigt lod blikket glide fra venstre mod højre, kom til at virke som en levende, nøgen kvinde, der går op ad nogle trappetrin, mens hun vinker med et hvidt lommetørklæde.

Handkerchief

A woman was so unhappy, she arranged in her boutique seven identical mannequins side by side in the window so that, if you quickly let your glance slide left to right, they would appear to be a living, naked woman ascending a few stairs while waving with a white handkerchief.

Parkering

Flere og flere biler står parkerede flere og flere steder i kvarteret. Selv på de lukkede veje i skoven kan man se parkerede biler. Man ånder måske på forruden af en sådan bil, gnider med et ærme og kan kigge ind. Måske, og sådan er det for det meste, er der kun den blinkende røde diode fra bilalarmen at se, men der kan også sidde folk derinde, et ældre ægtepar med termokande og plastickopper, og så er det vigtigt, at man venligt hilser med et anerkendende nik. Ligger der en mand på bagsædet, sovende med benene trukket op under sig, mens han sutter på sin tommelfinger, er det til gengæld bedst at forsvinde: ind i skovtykningen, listende på strømpesokker og med sine sko i hånden.

Parking

More and more cars are parked in more and more places in the neighborhood. Even on the dead end roads in the woods you see parked cars. You might breathe on the windshield of such a car, rub it with your sleeve, and look into it. Maybe, and this is how it mostly is, there's only the blinking red diode from the car alarm, but people can also be seen sitting in there, an older married couple with a thermos and plastic cups, and then it's important that you kindly greet them with an acknowledging nod. But if a man lies in the back seat, sleeping with his legs pulled up under him, sucking his thumb, it's best to disappear: into the thicket, tiptoeing in your stocking feet and with your shoes in your hand.

Hatte

Når man hører hatteæskerne rulle ned ad trappen, er det med at være klar. Så begynder balladen snart igen oppe på tredje, hvor man aldrig kan blive enige om, hvem der skal bære hvilken hat. Så står de deroppe og råber og river hatte af hinanden: "Det er min hat!" lyder det, og så straks derefter: "Det er min hat, *min* hat!" Sådan kan det fortsætte i timer, og imens flyver hat efter hat ud af vinduet. Intet er skønnere end dette: At sidde med næsen trykket mod vinduet, mens hatte i alle størrelser og former daler ned fra himlen. Som var det fugle, der for første gang, langsomt og tøvende, lægger an til landing.

Hats

When you hear the hatboxes roll down the stairs, you'd better get ready. Then the racket soon begins again up on the fourth floor, where they never seem to agree who should wear which hat. Then they stand up there and yell and tear the hats off each other: "That's my hat!" resounds, and then immediately after that: "That's my hat, *my* hat!" It can go on like this for hours, and all the while hat after hat is flying out the window. Nothing is more wonderful than this: to sit with your nose pressed up to the window, while hats of all shapes and sizes flutter down from the sky. As if they were birds who, slowly and hesitantly, for the first time, prepare for landing.

Acknowledgments

Our gratitude to the following publications in which earlier versions have appeared:

Anti—: "House Inspection," "Miniature," "Measuring";
Copper Nickel: "Reading," "Night," "Television," "Hammershøi";
The Paris Review: "Shirt," "Movie Theater," "Clouds," "Sleepwalkers," "Theater," "Hats," "Fitting Room," "Waiting Time," "Closing Time," "Handkerchief," "Steps," "Shoelaces".

Thanks to the Danish Arts Council for a travel fellowship. Thanks to Peter Rannes and Hald Hovedgaard for a two-week residency in Jutland, where the final drafts of this material were completed in July 2009. Also our gratitude to the Department of Literature and the College of Humanities, Arts and Sciences at American University, which funded a portion of this project. The translator thanks Nicky Beer, Peter Conners, Melissa Hall, Laren McClung, Nathaniel Rich, Steve Schroeder, Benjamin Stansfield, and Jake Adam York for essential input which aided in the completion of this book.

About the Author

Carsten René Nielsen is the author of nine books of poetry, most recently *Husundersøgelser* (2008) and *Enogfyrre dyr* (2005). His selected prose poems, *The World Cut Out with Crooked Scissors*, was published in English by New Issues Poetry and Prose in 2007. His poetry has been featured in magazines in Italy, Germany, Canada, and the United States. Carsten René Nielsen was born in 1966 and lives in Aarhus.

About the Translator

David Keplinger is the author of three books of poetry, most recently *The Prayers of Others*, which won the 2006 Colorado Book Award. He is the recipient of the T. S. Eliot Prize, a fellowship from the National Endowment for the Arts, and grants from the Pennsylvania Council on the Arts and the Danish Arts Council. He directs the MFA Program in Creative Writing at American University in Washington, D.C.

The Lannan Translations Selection Series

Ljuba Merlina Bortolani, *The Siege*

Olga Orozco, *Engravings Torn from Insomnia*

GérardMartin, *The Hiddenness of the World*

Fadhil Al-Azzawi, *Miracle Maker*

Sándor Csoóri, *Before and After the Fall: New Poems*

Francisca Aguirre, *Ithaca*

Jean-Michel Maulpoix, *A Matter of Blue*

Willow, Wine, Mirror, Moon:
Women's Poems from Tang China

Felipe Benítez Reyes, *Probable Lives*

Ko Un, *Flowers of a Moment*

Paulo Henriques Britto, *The Clean Shirt of It*

Moikom Zeqo, *I Don't Believe in Ghosts*

Adonis (Ali Ahmad Sa'id), *Mihyar of Damascus, His Songs*

Maya Bejerano, *The Hymns of Job and Other Poems*

Novica Tadić, *Dark Things*

Praises & Offenses:
Three Women Poets of the Dominican Republic

Ece Temelkuran, *Book of the Edge*

Aleš Šteger, *The Book of Things*

Nikola Madzirov, *Remnants of Another Age*

Carsten René Nielsen, *House Inspections*

For more on the Lannan Translations Selection Series
visit our Web site:
www.boaeditions.org